인연의 강

김영화 시집

인연의 강

김영화 지음

발행처	도서출판 청어
발행인	이영철
영업	이동호
홍보	천성래
기획	육재섭
편집	이설빈
디자인	이수빈 ǀ 구유림
인쇄	정우인쇄

등록　1999년 5월 3일
　　　(제321-3210002510019990000063호)

1판 1쇄 발행　2025년 8월 20일

주소　서울특별시 서초구 남부순환로 364길 8-15 동일빌딩 2층
대표전화　02-586-0477
팩시밀리　0303-0942-0478
홈페이지　www.chungeobook.com
E-mail　ppi20@hanmail.net

ISBN　979-11-6855-361-3(03810)

본 시집의 구성 및 맞춤법, 띄어쓰기는 작가의 의도에 따랐습니다.
이 책의 저작권은 저자와 도서출판 청어에 있습니다.
무단 전재 및 복제를 금합니다.

시인의 말

2025년 10월 장성한 딸아이가 결혼을 앞두고 있다.
신기하고 감사한 마음에 밤잠을 설치게 된다.
내가 출가(出嫁)할 때, 어머니의 심정이 느껴진다.
걱정도 되고, 기대도 크지만 행복한 삶의 연속이
되리라 믿는다.

무엇을 준비해서 선물을 줄까 생각하다가
그동안 써 놓은 원고들을 모아 출판사로 보낸다.
사랑하는 딸을 떠나보내는 기념시집이다.
친정, 부지런히 드나들며 엄마를 찾을 것이
불 보듯 뻔하다.

가슴으로 낳아 애지중지하던 시(詩)도 떠나보낸다.
경제적으로 힘든 때에 마음 나눌 사람들에게
위로가 되고 힘이 되기를 기대해본다.

출판을 맡아주신 '청어출판사'에 감사드린다.

2025년 여름
대구에서 김영화

차례

3   시인의 말

1부 불면의 밤

10   마음이 무거울 땐
11   꽃밭에서
12   병뚜껑
13   아버지의 어깨
14   소망
15   가을 하늘
16   신호등
17   삶
18   친구 영자
19   눈
20   술
21   불면의 밤
22   곶감 1
23   배고픈 날
24   새벽달님
26   올케언니
27   내 남자
28   곶감 2
29   가을 단풍

30 곯아버린 감자
32 황소바람
33 봄비
34 연분홍 코스모스에게

2부 인연의 강

36 무관심과 관심
37 감정의 온도
38 인연의 강
40 안개꽃
41 춘양장터 미용실
42 신권지폐
43 가을 교감
44 기침 소리
45 샤워
46 모녀의 이별
47 가을 산 불났네
48 무덤가 할미꽃
49 열등감
50 인연
51 매운 인생
52 내가 나에게
53 그래 그랬구나
54 단풍 불타다
55 국화빵

- 56 당신, 알고 있나요 1
- 57 당신, 알고 있나요 2
- 58 당신, 알고 있나요 3
- 59 이중포장
- 60 여름날의 대화

3부 비가 내리면

- 62 생각
- 63 보석 같은 인생
- 64 비가 내리면
- 65 당신에게
- 66 가깝고 먼 거리의 차이
- 67 엄마 1
- 68 엄마 2
- 69 몸으로 말하다
- 70 웃음꽃
- 71 세월이 야속해
- 72 생일 축하의 기도
- 73 그림의 떡
- 74 여자의 삶
- 75 김장
- 76 오미자와 모기
- 77 행복한 삶
- 78 불현듯
- 79 짝사랑

80 책임지세요

4부 엄마의 가슴

82 가슴길
83 기분 좋은 날
84 산소 앞에서
85 DNA
86 낙서 속에 진심
87 중년이 되고 보니
88 마음 다스리기
89 인내가 필요한 세상
90 별
91 꿀벌
92 오랜 물건
93 늦잠
94 사랑충전
95 가을 훔치다
96 고층아파트의 창
98 분홍빛 코스모스
99 폭포 앞에서
100 엄마의 가슴
101 비밀 아닌 비밀
102 아버지의 용돈 그 의미
103 아버지와 칼국수

5부   존재의 흔적

106 심적 허기 해결법
107 인연
108 붉은빛 입술
109 구멍
110 존재의 흔적
111 부활
112 두 개의 이름으로 사는 여자
113 훔런
114 석류의 말
115 눈 내리는 날
116 안동역에 가고 싶네
117 더 늦기 전에
118 단풍 보러 갔다가
119 수시로
120 날개
121 마음의 온도 조절
122 맛
123 가을 열차 안에서
124 사랑하는 내 딸아
126 사랑하는 사위에게

해설 _손희락(시인·문학평론가)
127   여성의식이 표출된 시로 쓴 자화상

1부

불면의 밤

마음이 무거울 땐

그대여
연꽃처럼 비우세요
연잎 위에 빗물
가득 차오르면
슬며시, 비우는 연꽃처럼 하세요
삶이 무거울 땐
가끔씩 진리를 깨우쳐주는
대자연 속을 거닐어 보세요
살아갈수록 마음이 무거울 땐
품지 않고 비우는
연꽃같이 하세요

꽃밭에서

꽃들이 만개한
꽃밭에서
찡그린 얼굴은 없네
모두가 웃고 있어
활짝 핀 꽃이 되네

오늘부터 나는 꽃밭의 꽃이다
그대를 위해 향기를 내뿜은 꽃 여인이다
우리 집은 사랑의 화원이다

병뚜껑

거참!
희한도 하네
병뚜껑은 왜 그럴까?
데굴데굴
숨바꼭질하잖아

툭!
떨어졌는데
꼭꼭 숨어서
바쁜 나랑
술래놀이 놀자 하네

숨는 건 좋지만
너무 멀리 가지는 마라
병과 뚜껑은
어차피 하나 된 운명이니

아버지의 어깨

쌀 사 묵그라
아버지의 손바닥엔
누런 황금벼가 자란다
돈과 쌀은
그의 인생 밭에선
동일한 작물이었네

쓸쓸한 여생 보내시는
아버지 어깨의 짐
아직 지게를 벗지 않으셨나 보다
손과 손을 마주 잡은 아버지의 어깨엔
고향 땅 붉은 노을이
물들어 가다가
잠시 멈추어 있네

갑자기 비가 내리네
큰딸의 눈물이 쏟아지네

소망

나는
시들지 않는 꽃이고 싶다
누군가의 심장에
깊이 뿌리 내린
시들지 않는 꽃이고 싶다
한 생을 영원히 함께하는 꽃
그대만의 꽃이고 싶다

가을 하늘

창가에 서서 기이한
풍경을 바라본다
바다가 융기하여
하늘이 되었네
흰 구름 속에 걸린
박제된 물고기 뼈의 흔적들
바다가 그리워진 것인가
헤엄치듯 둥둥 떠다닌다

신호등

빛깔 다른 웃음을 보이다가
춤을 춘다
눈빛으로 사람들과 교감한다
끝없이, 끝없이
반응하는 너를 보면
인생의 의미를 알 것도 같다

집으로 돌아와 개수대에 담가둔
설거지를 시작한다
한 가문을 지키는 여자의 일상
청색 신호등, 만사형통의 삶이다

삶

보석 같은 인생아
세상에 홀로서거든
비교하는 삶 살지 말고
좋아하는 삶 선택하여라
그것이 후회 없는 길
행복한 인생이란다

친구 영자

오래간만에
영자를 만났다
친구의 입술에
빛깔 진한 복숭앗빛 물이 들었다
어릴 적,
시골에선 허연 잿빛이더니
마이 컸네

성숙한 여자는
입술 빛깔부터 진하다는 것을
친구에게 배웠다
여자의 변신은 무죄
내 친구 영자야
붉디붉은 빛깔로
우리 활짝 웃으며 살자꾸나

눈

달구벌 하늘에 눈발이 휘날린다
아이들도, 연인들도
야! 눈이다, 눈! 하고 외치는데,
고향 생각 젖은 내 눈엔
하얀 쌀밥으로 보이네
인생길, 분위기 있게 내려앉는
한 편의 시처럼 느껴지네

난 감성으로 밥 짓는 여자
시골 출신 시인이거든

술

술,
보약이라는데
쓰디쓰다

울 엄마 왈
몸에 좋은 약이
쓰다고 했다

술이 쓰다기에
한 모금 마셔봤다
쓰디쓴 것이
보약이 맞나보네

술, 술, 찾는 내 남자에게
넙죽 대령하기로 마음 먹는다

불면의 밤

대뇌가 회전을 멈추지 않네
누웠다 앉았다 반복하다가
팔꿈치, 부딪혀 시퍼런 멍이 들었네

드르렁 드르렁 코골이 소리
얄밉게도 깊은 잠 자네

팔자 좋은 남자
순한 아내 만난
복인 줄은 알기나 할까

우짜꼬, 우짜면 좋노
충혈된 눈빛
연약한 육체
꽉 붙들고 놓아주지 않는 불면이여

곶감 1

서문 시장에서 사 온 곶감
할머니의 숨소리가 들리네
온몸 단장한 허연 분가루는
할머니의 백발 머리카락 같아서
울컥, 눈물이 쏟아지네

손녀딸
이뻐하던 내 할머니
가끔은 고향집 다녀가시겠지

곶감 한 입 베어 무니
눈물이 핑 도네
그냥 삼킬 수 없는 그리움
온종일 입안을 떠도네

배고픈 날

붕어는 참 좋겠다
배고플 때
빵빵하게 배 채워주고
노릇노릇 구워내는
노점상 아주머니 있으니

붕엇값 한번
제대로 받네
네 마리에서
세 마리 이천 원으로 상승

비릿한 붕어가 생각나
낚시질 나섰지만
포장마차 눈 비비고 찾아봐도 없네
헤매도 헤매도 만나기 어렵네

꼬르륵 꼬르륵
충혈된 눈빛 속 배고픔이 깊어
푸른 하늘 올려다보니
도심 아파트 꼭대기에
꼬리 흔드는 깃발로 걸려있네

새벽달님

눈빛과 눈빛
마주친 당신
부스스한 내 모습도
사랑스러운 듯
환하게 웃어주는 당신

창과 창 사이의 간격
시간과 시간의 거리
존재하지만,
뭐지! 묘한 이 기분은
달콤한 꿈속 주인공 같아
싱숭생숭 마음 설레어
다음 만남을 약속하네

네모난 창가 카페
한 달에 두 번 찾아오는 내 사랑
인상이 하도 좋아
가슴에 품고서
이런저런 이야기꽃 피우네

달빛 훤한 얼굴에
고단한 여자의 삶
소곤소곤 밤 깊도록 속삭이네

올케언니

고맙습니더
올케언니!

길고 긴 세월 흘러
대구 아지매 되었으나
아가씨, 아가씨라 불러주니
그때마다 참 행복하네요

흰 새치, 잔주름
늘어가지만
올케의 가슴속엔
영원한 아가씨

하늘이 맺어준 귀한 인연
사랑합니더
고맙습니다

내 남자

먼 길 떠날 때
조심하여 핸들 돌리라는 잔소리 어김없네
시인의 남편이면서도
아내의 마음을 못 읽는 사람

대중교통 버스에 몸을 싣고
이박삼일, 삼박사일
온 세상, 두루두루 살펴야
향기로운 꽃 시 한 편
겨우 건진다는 걸 모르는 남자
알면서도 모른 척하는 남자

그래도
잠든 모습 사랑스러워
바라보고 또 보는
듬직한 내 남자

곶감 2

비바람 햇빛 속에서
묵언정진하더니
드디어
달콤한 맛
뼛속 깊이 지녔구나

부럽다
부러워
오늘은 맛의 의미를 깨우친
너를 탐닉하고 싶어
씹어보고 깨물어도 본다

가을 단풍

붉은빛
곱다 고와

잠시 잠깐 한 철의 화려함
간직하고 싶어
눈과 마음에 담아 두었더니

아, 그 빛깔 소멸되어
쓸쓸한 바람도 실망하여 돌아서네

인생, 여자의 삶
한철 붉은 가을인 것을

에라이 기분이다
오늘은 백화점 들러서
단풍빛깔 옷 한 벌 걸쳐야겠네

곯아버린 감자

젊은 날
뽀얀 속살 탐스럽긴
너와 나, 마찬가지였지

갓 수확할 땐
탱탱 매끈하여
감탄을 발했었지

시간 흐르더니
쭈글쭈글 주름진 모습
안타까울 뿐이네

손에 쥐고 살펴보니
어릴 적 할머니
젖가슴같이 변해버렸네

시간에 방치되어
곯지 않는 것
상하지 않는 건
없네, 없어

내 얼굴에 주름살
하나, 둘 드러나니
서서히 곯아가는
감자 같은 인생인가 보네

황소바람

겨울바람이 황소라니
그만큼 힘이 세다는 것이었지

어릴 적, 문풍지 틈 사이로 들어와
책상 앞 내 손가락 얼어붙게도 했었지

내 고향 봉화의 겨울
황소바람
어디로 사라졌나 했더니
가끔씩 내 신랑 눈빛에서
윙윙 불어칠 때가 있네

봄비

봄이 되어야지
생명을 일깨우는 삶이 되어야지
시들어가는 씨앗을 일깨우는
봄비가 되어야지
메마른 곳, 소외된 곳
찾아가서 포용하는
봄비 인생 되어야지

연분홍 코스모스에게

별빛 속 품었구나
스쳐가는 바람과 깊은
사랑에 빠졌구나
그래서 분홍빛 뺨으로
물들었구나

수줍어 마라
가슴속 깊은 곳에
묻어두었다가
찬 바람 부는 날
뿌리까지 얼어붙을 때
행복하게 웃으며 가려므나

너의 수줍은 미소 참 예쁘다
너의 가려진 사랑 참 아름답다

2부

인연의 강

무관심과 관심

관심을 핑계로
허공에 휘날리는 잔소리

침묵의 터널 속에서도
귓가에 와 닿는 익숙한 목소리

정겨운 듯하지만
때로는 생소하고 낯선 목소리

묵묵히 받아주는 여자의 마음
때론 무관심이 진정한 배려인 것을
그대 아시나요
모르시나요

감정의 온도

뙤약볕
햇살 아닌
그늘이고 싶다
넓고 큰 그늘 아닌
뜨거운 햇살이고 싶다

시계추같이
왔다 갔다 하는
변덕스런 마음 앞에서
불변을 유지하는 진실이고 싶다

상황 따라 온도 조절 잘하는
부드러운 여자이고 싶다
그대의 아내이고 싶다

인연의 강

내 고향 봉화
분천역과 풍애1교를 건너는
평지 길 사이로
수천 년 이어온 강물이 흐르네

적광사, 들꽃과 대화하던
어린 소녀
강물 따라 흐르더니
한 남자의 아내가 되었지

도호마을, 물길이 이어준 인연일까
기암절벽, 바람이 짝지어준 운명적 인연인가
사랑의 결실로 아리따운 딸아이 키웠었네

이제 어미가 건너던 강
딸아이가 건너려 하고 있네
수천 년 이어온 고향 땅
강물의 인연
한 가문 속을 적시려고 새 물길 터 주었네

굽이굽이 흐르는 인연의 강이여
사랑의 원천이 그곳임을 알겠네
한 남자의 아내가 될
딸의 눈빛 속에서
고요히 흐르는 그 강물을 보았네

인연의 강,
대를 이어 흐르는 생명의 강물이네

안개꽃

하얀 안개꽃
내 마음이 끌립니다
허락도 없이
사로잡아 이끌어갑니다
눈빛 마주치면 아무 일 없다는 듯
침묵의 미소로 화답합니다

호주머니 탈탈 털어
한 묶음, 가슴에 안고 돌아오던 길
눈치 없는 남자가 미워집니다
아내의 안개꽃 사랑 모르는 남자
그래도 우리 인연 진행형입니다

춘양장터 미용실

춘양장터엔 미용실이
라면 공장이네

뽀글 뽀글 뽀글
할머니 웃음 사이로
라면이 끓네요

먼 하늘 콩밭 매던 할아버지들
흐뭇하여 장터 근처 서성이겠네요
막걸리 한 사발 목 축이시겠네요

신권지폐

때 묻지 않았다고
좋아 말거라

너도 곧
이 세상 온갖 때 묻어
악취 풍기는 몸뚱어리 될 테니

그래도 눈빛들 다가와 품거들랑
가난하여 헐벗은 이들 품에 안겨
기쁨이 되려무나
희망이 되려무나

가을 교감

새빨간 단풍잎 마주쳤더니
살며시 고개를 숙이네
수줍음 타는 내숭쟁이처럼
머리부터 발끝까지
화려하게 치장했네

그래, 가을은 불타오르는 계절
내 감성 불타 명시 한 편 쓸 수 있을까
너도
나도
가슴팍 한번 불태워 보자꾸나

기침 소리

추석날 밤
보름달 속에서
콜록콜록 기침 소리 들렸네

고향 집
고독을 씹고 계실
내 아버지의 기침 소리

달무리로 번져가는 외로움 속에서
시중드는 자식의 효심이
착 달라붙은 가래를 삭이네

고맙다 내 자식
두 눈 부릅뜬 효심 속
가을밤 깊어 새벽으로 가네

샤워

벌거벗은 채
샤워를 한다
온몸
거품으로 뒤덮었다
내 마음의 때는
언제쯤 말갛게 씻어질까

마음이 청결할수록
시, 멋진 시가 다가온다는데
시인다운 시인이 된다는데
비누 거품만 고뇌로 씻겨 내려가네

탄력 있어 윤기를 발하는 마음으로
멋진 시 한 편 말끔하게 쓰고 싶네

모녀의 이별

하늘도 울고
땅도 흐느끼는
슬픈 이별입니다

이 세상 너머
영혼 세상에서
재회를 갈망하는
지독한 슬픔입니다

아, 어머니
이젠 제 가슴에
이별비가 자주 내리겠지요
홍수강 이루어가며
침묵으로 흐르겠지요

하늘나라 편안합니꺼?
이곳 사위, 손자, 손녀
다들 잘 있으니
걱정일랑 마이소

그립습니다
사랑합니다

가을 산 불났네

팔공산에
큰불이 났네요
몇 날 며칠
산 전체를 태우고 있지만
TV 뉴스도 잠잠하네요

산을 오르는 보살들도
대웅전 부처님께서도
흥겨운 듯
농익어버린 가을을 노래하네요

불이야 불
불이야 불
연인들 가슴으로 옮겨붙는 불
행복의 비명소리 산골짜기 스며들어
불타고 불타도 행복한 계절입니다

무덤가 할미꽃

아들, 딸, 손자, 손녀
넙죽 큰절 올리니
흡족한 미소는 덤
털옷 한 벌씩 내어 주시네

열등감

담대하게
뻔뻔하여 살면
빙빙 돌다가
사라지고
소멸되는 것

고개 들어
하늘 바라보며
좌우 팔
힘차게 흔들면
사라지고
소멸되는 것

인연

넓은 바다
낚싯줄에 걸린 고기 한 마리
행복, 불행은
그 물고기 돌보기 나름

서로서로 사랑하여 살면
단 한 번의 만남
일평생 축복을 누리는 기회

그대여
생의 인연
단 한 번뿐임을
기억하세요
명심하세요

매운 인생

시골 친구가 준
풋고추가 맵다
코끝이 찡하더니
핑, 눈물이 돈다

입안 화끈거리는 뒷맛
왠지 구수해진다

인생의 맛
이런 것일까
눈물 한 번 흘리고 나면
새로운 행복을 맛보게 되네

절망하지 말자
때론 코끝 찡하여 눈물 흐르지만
뒷맛 견딜만한 것이니

내가 나에게

산골소녀 영화야
시집살이 힘들었제?
아이들 낳아 기르느라 고생했제
시인이 되어
시 쓰는 건 더 힘들었제
그래도 자기 이름으로 된
시집 몇 권 얻었으니
매우 행복하제

잘했다
수고했다

그래 그랬구나

멍들어 아픈 가슴을 봅니다
상처 입어 고통받는 눈빛을 봅니다
살살 어루만져 줍니다

그래, 그랬구나!
등 두드려 주는 건 몇 마디 말이지만
약이 됩니다

치유가 되어 활짝 웃습니다

단풍 불타다

동화사
대웅전 들려
부처님 뵈옵니다
황금빛 뺨도
시뻘겋게 물들었네요

나무
사람
고매하신 부처님
전부 불붙어서 타오르네요

불났다 불
가슴에서 가슴으로
계곡에서 계곡으로
멋지게 타오르네요

국화빵

가을 아닌
여름에도
국화풀꽃 피었네요

무쇠 판 뱅글뱅글 돌아가는
밀가루 냄새 진동하는 그 꽃

꽃향기는
눈과 코로 맡고

빵 맛은
허기진 배로 채우고

사시사철 피어 사랑받는 꽃
밀가루 꽃입니다

당신, 알고 있나요 1

고단하게 잠든 모습
바라보면서
고맙다, 사랑한다
얼굴 매만지는
착한 여자인 것을

당신, 알고 있나요 2

사시사철
하늘 향해
쭉 뻗은
소나무 가지처럼

내 마음
오직 한 곳
당신을 향하고 있는
일편단심 아내인 것을

당신, 알고 있나요 3

인생길 걸어갈수록
주름살 늘어날수록
당신을 처음 만났던 운명의 순간
늘 기억하고 있다는 것을

이중포장

코로나 백신 접종 후
속이 더부룩하여 집어 든
아이스크림 포장지 뜯었더니
이중포장 된 불량품이네

내 가슴속 포장지도
이중, 삼중 포장이라는
생각이 들었네

겉은 현모양처,
속은 조금 야한 상상도 하면서
고향 산 바라보기도 하는 여자

그럼 어때,
내 신랑만 좋다면 되지
살살 녹아내리는 아이스크림 맛
달다 달아

여름날의 대화

기분 좋은 날
유랑하는 구름에게 물었지요

바람이 보고 싶냐고?
말이 없어 침묵이 길어지네요

얼마 후
이글거리던 태양이 대신 말하네요

보고 싶어, 너무 보고 싶어
가슴 뜨거워졌노라 화답하네요

여름날의 모든 풍경은 뜨겁지요
여름날의 모든 대화는 푹푹 찌지요

여기가 어디냐고요?
대프리카 하면 통하는 대구입니다

3부

비가 내리면

생각

공상인지 허상인지
알 수 없는 생각들이
나를 흔드네

바람에 흔들리는 건
나무가 아닌 나뭇잎

생각은 생각을 낳고
눈빛은 눈빛을 이끌어가네

두뇌의 회전
의식의 회전
내가 살아 있다는 증거이기도 합니다

보석 같은 인생

내 고향은 봉화 깊은 산골
거친 돌들 많지만
대자연이 뿜어내는
산 공기 맑은 곳

어느 날,
작은 돌로 태어나
바람 속을 걸었고
비에 젖어 뒹굴다
한 남자의 품에서 행복에 젖었네

추억 길 뒤 돌아보면
영롱한 빛을 발하는
보석이 되었음을 발견하게 되네

녹록지 않은 삶 속에서
세공의 과정을 거친 여자
화려하지 않지만 초라하지도 않은
보석 인생이었네

언어를 가공하여
시를 쓰는 멋진 인생이었네

비가 내리면

비가 내리면 마음이 젖은 채
사뿐 고향 가는 기차에 오르는
상상 속에서
쓰디쓴 커피만
온종일 마십니다

당신에게

사랑해라는 말을 들으면
한 없이 행복해지는 것을 아시나요
어떨 땐 그 말 듣고 싶어
새침 삐친다는 것도
그대 알아주기를 바라요

가깝고 먼 거리의 차이

손에 잡힐 듯
가까이 떠도는 구름보다

멀리서 둥근 원 그리는
구름을 보면

멀리 떠난 부모님 생각에
울컥, 울컥
눈물이 핑 도네요

가깝게 좁혀지지 않는
숙명적 거리는 슬픔입니다

엄마 1

오늘은 당신이 보고 싶어
하늘 올려보았더니
갑자기 천둥 번개 치며
소낙비가 쏟아졌습니다

한참 동안 쏟아졌습니다
엄마 생각 말고
자기 삶 살기를 비는
당신의 마음인가 봅니다

천륜의 정 억지로 떼지는 마세요
그립고 보고플 땐 하늘 올려 보겠습니다
구름 속에서 당신의 모습 찾아보겠습니다
갑자기 소낙비가 쏟아져 슬펐습니다

엄마 2

무더운 날, 계란 한 판
손에 들고 걷는 할머니
뒷모습 엄마 닮아
앞으로 달려갔지요

확인의 순간 깜빡했습니다
당신이 내 곁을 떠나셨다는 것을
심성이 비단결 같고
정 많았던 울 엄마

사무치게 그립습니다
보고 싶어 몸살을 앓습니다
자식 걱정 마시고 편히 쉬소서
열심히 예쁘게 살아가겠습니다

몸으로 말하다

긴 겨울 후
신비로운 봄이 찾아왔습니다
엄동설한 온몸으로 버티고 맞서며
새 생명 선물하려 견디었나 봅니다
애기 살결 같은 여린 새싹
경이로움에 두 손 모아집니다
시끄러운 세상
귀와 목, 눈이 피곤해지는 세상
육신은 무거운 짐이 어깨를 짓누르고
자연은 침묵으로 말이 없습니다
그저 몸과 행동으로 말합니다
위대한 자연 앞에 인간은 나약한 존재
태풍에 머리채 잡혀 휘둘리기도 하지만
쉽게 쓰러지지 않는 인간의 뻣뻣함을 봅니다
누구든지 겸손하지 않을 수 없습니다

웃음꽃

고단한 삶 속에서도
웃음 잃지 않는 그대는
진정한 꽃입니다
꽃 중의 꽃입니다

세월이 야속해

거울 앞에 서서
어색한 미소 지어 보니
세월이 야속합니다

나인가 했더니
어느덧 엄마를 닮았습니다
자신을 위한 삶은 없었나 봅니다

좋은 시절 앗아간
흘러간 시간들
참 야속하지만 순응할 뿐입니다

생일 축하의 기도

울적하다가도
당신을 생각하면
기쁨이 샘솟습니다
행복의 눈물이 흐릅니다

간결한 기도
하늘로 올리지만
당신을 내게 보내주신
그분께 감사드립니다

그림의 떡

오랜만에 찾은 떡집
쑥떡, 팥떡, 콩떡, 인절미,
눈으로 맛보고 마음으로 담아
돌아설 때 발걸음
무거웠다

순간 눈물이 핑 돌았지
아이고, 가스나야
떡 사러 가면서
빨간 지갑은 두고
입만 가져가면 우짜노

백화점 몇 바퀴 돌다가
가격표 보고 돌아서면서
쑥떡, 팥떡, 생각이 났다
빨간 지갑 손에 들고 서도
아이쇼핑이다

인생 뜻대로 되지 않아도
낙심하지 마라
입에 들어가는 떡보다
그림 떡 맛도 위안이 되나니

여자의 삶

뒤돌아보니
한 남자의 아내로 사는 삶은
늘 제자리 지키기였네
긴 세월
한 지역 한 동네 안에서
빙빙 돌았네

보소 보소 서방님요
이젠 좀 붙들지 마소
가을 하늘 붉은 잠자리같이
인생 하늘 날아보며
멋진 시 써보렵니다
단 한 번뿐인 내 생을 위하여
여자로 태어난 삶을 위하여

김장

가을배추 앞에 놓고
커피 한 잔 마시다 생각에 잠겼네
시퍼런 배춧잎 같은
추억을 매만지다
애꿎은 가슴까지 소금에 절였네

소금에 절인 쓰라린 가슴
매운 양념으로 범벅 했더니
아무도 모르는
눈물, 콧물, 흐르네

여자로 태어난 팔자겠지
울 엄마 생각하며
수육 몇 점 집어삼킨 후
맥주 한 잔 들이켰네

금년 김장 한번 요란스럽네

오미자와 모기

한 통 두 통 오미자 담그다 보니
근질근질 가려움 선물한
얄미운 녀석 생각나네
뾰족한 입술로 흡입한
내 붉은 피의 양은
어느 정도였을까

빛깔 고운 오미자 단지 바라보면서
이 세상에 공짜 없음을 깨닫게 되네

문경 오미자밭
내 피로 포식한 모기여
내년 다시 만날 때까지
힘찬 날갯짓으로 건강하기를 빈다

무단침입 빨대 꽂은
너의 죄를 용서하노라

행복한 삶

내 인생길에 시가 없었더라면
짜릿한 행복 느낄 순 없었겠지요

내 인생에 그대가 없었더라면
사랑과 그리움이 하나인 건
전혀 느낄 수 없었겠지요

불현듯

음식을 만들다
눈물이 났습니다
연기에 자극받은 탓도 있지만
당신 눈빛이
스쳤기 때문입니다
예쁜 그릇에
내 마음 담아
허공에 올립니다

점심은?
후식 커피는?
잠시 잠깐도 당신을 생각하는
착한 아내입니다

짝사랑

그대여
사랑의 원천은 짝사랑이 아닐까요
불변의 사랑으로 이어지는
징검다리이니까요

한 사람
사랑받는 것도
큰 기쁨이겠지만
그대 위해
기도하는 것도 행복이랍니다

결혼 이후
내 가슴에서 가꾸는 예쁜 사랑의 정원
누가 더, 무게를 측량하지 않는
무조건적인 사랑입니다

책임지세요

봉화땅 울창한 숲속도
두려움 없이 맨발로 뛰었었는데
세밀하게 챙겨준
결혼생활 몇십 년
이젠 하룻밤 여행길도
두려워하는 나약한 모습으로 변했으니
어쩌면 좋을까요

일평생 과보호한 당신
책임지세요

4부

엄마의 가슴

가슴길

인생길은 여러 갈래지만
여자의 가슴길은
오직 외길
그대만을 향하여
등불 밝히고 있습니다

기분 좋은 날

퇴근 후, 돌아온
무뚝뚝한 남자
"보고팠었다"
한 마디 말해주면
콩콩 가슴 뛰었지만
아닌 척 몰래 숨겼지요

그런 땐
기분 좋아 행복했음을
중년에 고백합니다

산소 앞에서

아, 어머니
왜 딸의 곁을 홀연히
떠나셔야 했나요
사위의 술잔엔 한잔 술이
딸이 올린 술잔엔
그리움의 눈물만
찰랑찰랑거립니다

불효가 깊습니다
편히 쉬소서

DNA

엘리베이터 안에서
남자아이와 마주쳤다
순간, 얼굴빛 붉어져서
고개를 돌리는 아이
아, 너도 나처럼
부끄럼 타는 유전자를 가졌구나
때론 남편 앞에서도
수줍고 부끄러운 나를 닮았구나
세월 흘러도 수정되지 않는
불변의 성질
D. N. A.

낙서 속에 진심

생각 없이
낙서를 한다
진심인지
허상인지
그림인지
글자인지
독백적 낙서를 한다

낙서 속에
내가 담겨 있더라
생각 없이
써 내려간 사연 속에
구름처럼 떠돌며
시 쓰고 싶은
마음이 담겨 있더라

중년이 되고 보니

구멍 난 항아리같이 마음이 샌다
물을 부어도 채워지지 않는 항아리네

가을날 낙엽 뒹구는 현상만 봐도
쓸쓸함에 몸살 나는 중년
넓은 창가 곱게 물든 가을 앞에서
뜨거운 커피를 마셔도
으스스 시려오는 마음

채워도 채워지지 않는 가슴
예쁘던 코스모스도
왜 그리 가냘픈지 슬퍼지네
애처로워 눈물이 나네
약한 것에 대한 동정심일까
중년이 되어보니 빈틈없던 마음속엔
바람이 드나드는 구멍이 뻥 뚫려 있네

마음 다스리기

생각 따라 마음이
따라간다지
그래서 행복한 생각만 하려 한다
오늘 비록 슬프고 가슴 아파도
행복한 생각 놓지 않으려 한다
좋은 생각은 좋은 길로,
행복한 생각은 행복의 길로
쭉 뻗어나가겠지
행복하다, 행복하다
중얼중얼 마음에 주술을 건다
최면술로 마음을 다스린다

인내가 필요한 세상

미디어 뉴스를 들으면
시한폭탄 가슴에 안고 사는 것 같다
울화병 가슴에 묻고들 사는 것 같다

훈계가 통하지 않은 세상
목소리 크면 장땡인 세상
상식이 소통되지 않는 세상

참, 슬프다
인내 없이는 공존할 수 없는
내가 사는 세상이다
정감시대가 그립다

별

하늘에 별이 없다
아무리 찾아봐도
투명한 빛깔의 별이 없다

도심의 네온사인
불빛에
별들이 시골 동네로
달아나버렸다

내 고향 봉화의 별은 예뻤다
비처럼 쏟아지기도 했고
눈처럼 휘날리기도 했었지
난 밤하늘별을 바라보며
작은 꿈을 꾸기도 했었지

그립다
그 별들

꿀벌

일평생 꿀벌처럼 날았던
아버지 어머니 가슴속엔
늘 저장된 꿀이 흘렀었지

보리밥, 고추장
쓱쓱 비벼 먹어도
달콤한 행복 노래
목청 높여 불렀었지

야생 꽃에서
부지런히 꿀을 따는
벌들을 보면
그리워 눈물이 나네

윙윙 힘찬 날갯짓으로
자식들 배불리 먹이려
큰 꿀 입에 물고 기뻐하시던
내 부모님 생각이 나네

오랜 물건

고장 한 번 없었기에
35년 긴 세월 정들었었네

○○전자렌지
친구 왈
회사 망한다 퍼뜩 바꿔라
닦달했지만
생사고락 함께했기에
포기할 수는 없었지

재활용 수거장 내다 놓고서
뒤돌아보며
되돌아보며
아쉬워했었지

오랜 물건,
정든 인연,
모두 소중한 것임을
너를 통해 배웠었지

늦잠

시계가 늦잠을 잤다
나도 덩달아 늦잠을 잤다

책임은 누구에게 있는 걸까

어릴 적 전도사님 말씀이 떠올랐지
자기 책임이라고…

사랑충전

휴대폰 충전을 하네요
잭을 꽂으면서 생각이 깊어지네요
사랑도 충전이 된다면
단 하룻밤도 그대 없이는 잠들 수 없을 텐데요

사랑이 식어버리거나
사랑이 방전되기 전
서둘러 충전들 하세요

내 곁에 착 달라붙은
그대의 손
만지작거리기만 해도
심적 충전을 느끼는 현모양처입니다

가을 훔치다

고향 봉화에 가서
가을을 훔쳐 왔다
도망갈까 봐 몰래 싣고
쌩쌩 달려왔다

고향의 가을 냄새가 좋다
몰래 먹는 것이 맛있다
다음엔 친구가 사는
안동의 가을을 훔치러 가야겠다
그다음엔 여동생이 사는 고양시의
가을을 훔치러 가야겠다

난 시인이니깐
아무리 훔쳐도
절도죄 성립은 안 되겠지
이 세상 모든 것이 시인의 글감이니깐

고층아파트의 창

경산 고층아파트엔
부모님이 산다

오고 가는 딸자식들
반갑다, 잘 가라
또 만나자,
손 흔드는 소통의 창

예전 시골 초가집도
그랬었지
대문 밖 부모님의 손 흔들어주심은
지극한 사랑이었지

초가에서 고층아파트로
거주지가 변했기에
올려보며 평안을 빌고
내려다보며 손 흔드는
그 행복이 지속되기를 기도했지요

찬바람 스치는 창가의 공허,
부모님의 부재가 실감 나지 않아
고층 공간 올려다보며
당신의 손을 찾습니다
님의 눈빛을 찾아 쭉 훑어봅니다

분홍빛 코스모스

바람 불면 꺾일 듯한
코스모스는 목이 길다
그 곁에 바싹 붙어 앉아
한 컷 사진을 찍었네

가냘픈 너의 목선
내 길다란 목
유사하게 닮아있네

햇빛에 타들어 가는
분홍빛 선명한 빛깔
립스틱 진하게 바른
붉은 입술의 조화

가을바람에
마음 흔들림까지
어쩜 그리 꼭 닮았니
참 예쁘다

나는 오늘 바람에 흔들리는
코스모스 여인이다

폭포 앞에서

햇살 타고 흘러내리는 폭포가
내 목선같이 매끈하게 느껴지네
가끔씩 거울 앞에 서서 행복에 젖기도 하네

부모로부터 물려받은 최고의 선물
내 폭포 위에 스킨, 로션 듬뿍 발라 본다
반짝이는 윤기, 폭포의 포말을 닮았네

언제까지 사랑을 쏟아내며 향기 풍길까
자못 궁금하다
마르지 않는 관리가 최선이겠지

엄마의 가슴

왠지 이별의 시간이 다가온 것 같아서
깊숙이 손을 넣어보았지
길쭉한 손가락으로
더듬어 가며 한참을 머물렀었지

이대로 곁에 있으면
참 좋겠다는 생각이 들었었지
마르고 여윈 가슴골엔
인생 눈보라가 수없이 스치며,
쌓이고 녹기를 반복한 것 같았지

한 남자를 향한 사랑 멍울이
예쁘게 만져지고, 쌓이고 녹기를
수없이 반복한 것 같았네
7남매 풀 뜯었던 초원의 흔적
애처롭게 남아 있네

지금도 느껴지는 체온
아, 허무하다 못해 따뜻하네
그 온기, 내 손끝 빙빙 돌며
회전하네

비밀 아닌 비밀

나의 비밀은 두 가지

산천초목 속으로
뛰어다니며 혼자 살려다가
한 남자의 아내가 된 일

사랑스런 아이들
품에 안고 만족하며 살려다가
쓱~ 눈길 돌려서
시인이 되었지

그래서 행복하냐구요?
그건 나도 모른답니다

아버지의 용돈 그 의미

아버지는 출가한
큰딸에게 용돈을 주신다
남편, 아들, 딸, 거느리며
사는데도 슬그머니 주신다

당신의 눈엔 아직
어린아이인가 보다

세월의 수레바퀴처럼
돌고 도는 돈

딸에게서 아버지에게로
다시 딸에게로 회전하니
늙어가는 부녀 사이 참 아름답다

바람아, 구름아
달님아, 별님아
오래도록 용돈 타고 싶은
내 마음 알제?
부디 시샘하지 않기를…

아버지와 칼국수

어머니를 떠나보낸 고독한 남자
부드러운 면발 속, 가시가 숨었는지
목에 걸려 넘어가지 않는지
표정이 어둡다

그 옛날, 홍두깨 밀어서 상 차리던
울 엄마 그리워지나 보다
맛집으로 유명한 가게지만
딸이 끓여 주는 맛만 할까 하시는 아버지

내 아버진 늘 딸이 최고라 하시니
칼국수 재료가 밀가루 아닌
그리움인가 보다
배불리 잘 먹었다는 말씀엔
엄마를 향한 그리움이 끓고 있다

아버지를 배웅하고 돌아서는 발걸음
참 무겁다
칼국수 면발 같은 눈물이 쏟아진다

5부

존재의 흔적

심적 허기 해결법

밥알로는 채울 수 없지요
눈에 보이는 것으론 채울 수 없지요
사랑, 사랑으로만 해결할 수 있지요
서로 사랑하는 사람들은
밥 안 먹어도 배부른
가난해도 행복한 삶 노래하며
즐겁게 살아가지요

인연

상처 난 구멍 땜질 위해서 하나가 되는 것
그러다 더 큰 상처를 안고
쓸쓸히 돌아서기도 하는 것
이러쿵저러쿵 말도 많지만
슬프고도 향기로운 백합꽃 같은 것

우린 인연을 찾아서 몸부림치며 뒹굴지요
애처롭지만 아름답지요
내 사랑하는 딸의 인연을 위해서
오늘도 어미는 기도합니다

붉은빛 입술

화장터에서 아버지와 이별한 후
눈물이 쏟아졌다
거울에 비친 붉은빛 입술이
화장터 불꽃처럼 느껴졌기 때문이다

갑자기 정수리가 뜨거워진다
아버지가 그리워진다
후회 없이 살아야겠다 다짐하며
붉은 립스틱을 지웠다

언젠가 한 줌 재로 사라질 존재이기에
사랑할 때만 립스틱을 바르기로 했다
외모를 꾸미는 화장기의 의미를
되새기며 살기로 했다

구멍

아버지가 떠나신 후
내 삶엔 구멍이 생겼다
비가 와도 눈물, 낙엽 져도 눈물
햇빛 찬란해도 눈물이 쏟아진다
어쩌지, 무엇으로 이 허전함을 메울 수 있을까
고민하다가 여행을 떠나기로 했다

아, 근데 예전 세상이 아니었다
구멍 난 것 같은 세상 속을
나는 걷고 있었다
마음은 아버지에게로 향하고 있었다
쉽게 메워지지 않는 커다란 구멍이
내 가슴속에 남았다
바람 부니 더 춥다 목 단추를 꼭 채웠다

존재의 흔적

어느 시인이 시는
일반 언어가 아닌 묘 비석이란다
시집 표지에 박힌 이름
그 흔적은 동일하단다

설마 하고 갸우뚱했지만,
어머님 영전에서 그의 말을 확신하게 되었다
한 영혼이 떠난 후,
이름이 각인된 것들은
모두 존재의 흔적이었다

시(詩), 생의 시간이 허용될 때
열정적으로 써야겠다
다짐해 본다

부활

아버지가 그리울 때 시를 쓰네
어머니가 보고플 때 시를 쓰네
언어로 토해낸 인연의 의미와 혈통적 운명,
시 속에서 얼비치는 부모님의 생전 모습들

시는 산 자와 죽은 자가 대면하는 공간이네
눈물과 웃음이 교차하는 화해의 공간이네
가슴 따뜻하거나 눈물 많은 이들은
시를 사랑하네
시처럼 사랑하다가 시처럼 살다 가려고
몸부림치네

오늘 밤, 부모님을 언어로 부활시키고 싶네

두 개의 이름으로 사는 여자

저녁밥 지어놓고
어머니는 내 이름을
목청 높여 부르셨다
중년이 된 친구들을 만나면
내 이름을 정겹게 부른다

그런데 가을바람은 내 곁에 다가와
시인이라 속삭인다
밤하늘 별들도 시인이라 부르며
입맞춤하기를 즐긴다

내 이름은 두 개다
시인이란 이름 앞에선 두려워서
립스틱도 지운 맨얼굴이 된다

홈런

야구광인 남자는 연신
시원한 맥주 들이켜며
중계 속으로 빠져든다
홈런! 벌떡 일어나 열광할 땐
영락없는 어린아이다
치, 알기는 하는 걸까
착하고 알뜰한 각시 만나서
인생 홈런 친 주인공인 것을

석류의 말

그대 아시나요
뜨거운 햇빛 속에
제 몸을 태워
알알이 영근 이유를
가을바람 당신의
몸속에서
온전히 녹아지고 싶기 때문입니다

눈 내리는 날

눈발이 허공에서 춤추면
내 친구 생각이 난다
차가운 눈은 새싹 돋는 봄에
봄꽃은 엄동설한이 더 향기롭다 말하던
특이한 친구
멀리 시집가서 잘 산다는 소식은 들었지만
눈 내리면 그 얼굴이 떠오른다

세상 아스팔트에 눈발로 내려앉아
예배당에서 기도하던 영롱한 눈빛
보고 싶다,
그리워진다

안동역에 가고 싶네

어느 가수의 목소리에
젖어 들면 그곳에 가고 싶을 때가 있네
눈 아닌 비가 내려도 좋을 것 같네
친구들과 만나고 헤어지고 다시 만나던
그곳
문득 그 역에 가고 싶을 때가 있네
기다려 주는 이 없어도
찾는 이 없어도
그냥 갔다가 돌아오고 싶을 때가 있네
돌아오는 버스 안에서 추억이 녹아 있는
시 한 편 쓰고 싶을 때가 있네

더 늦기 전에

사람들은
내 손을 길쭉 매끈하여 아름답다 하네
소외된 눈빛들 살며시 잡아주면
위로가 되는 약손이라 하네

부모님 물려주신 길쭉한 손
그리고 예쁜 마음
어딘가에 분명 쓸 곳이 있을 텐데

눈물 감정 메마르기 전에
이 세상 향한 봉사의 발걸음 걷고 싶네
노숙자 밥이라도 퍼주려면
대구역 한 바퀴 돌아봐야겠네

단풍 보러 갔다가

절간 근처
새빨간 단풍잎 한 장 주워들었는데
내 가슴이 뜨거워지네

그렇지 이곳이었지
여기 근처 찻집이었지
곱게 물들었다가 시든
친구의 눈동자 생각나서
울적해지고 말았네

해마다 단풍잎 물드는 것은
인연의 의미를 생각하라는
자연의 메시지일까

숲속 단풍 보러 갔다가
추억 잎 한 장 주워 들고
생각이 깊었었네

수시로

나는 중년의 시인이네

설거지하면서도
쇼핑하면서도
여행하면서도
나무 밑에 앉아서
노래하는 새와
대화를 하면서도
시를 쓰고 싶네

항상 시를 생각하는
시인으로 살고 싶네

날개

엄마는 신신당부하셨지
여자가 출가하면
그 집안 귀신이 되어야 한다고
그래서 내 청춘 날개는
푸른 하늘 속에서도 펼친 적이 없어
기능이 상실된 것 같다

날개를 가졌지만
날지 못하는 여자의 삶
마지막으로 한번 멋있게
날고 싶네
퇴화된 기능이지만
여기저기 돌아다니고 싶네

여보, 밥 줘
써늘한 한마디에
오늘도 날개를 접네
나는 운명에 묶인 바보 같은
여자이네

마음의 온도 조절

마음이 추울 땐
보일러 온도를 상승으로 조절하듯
가슴속 추억에 잠겨보세요
흘러간 시간
행복했던 순간들 떠올리기만 해도
심장 뛰어 행복에 젖을 겁니다

마음 온도 조절기는
가슴속 묻은 추억입니다
꺼내어 놓았다 다시 묻었다 조절하며
인생길 웃으며 걷는 것입니다

맛

뇌리에 각인된 모든 맛은
중독이다
생의 마무리를 하시던
아버지는 가끔씩
석쇠불고기 이야기를 하셨다
그 맛이 궁금해서 칠성시장
불고기 골목을 찾았었지
낡은 쟁반에 담긴 고기 살점에서
아버지의 생, 그 향기가
코끝을 찔러 눈물이 쏟아지네

내 아버진 7남매를 두셨다
남동생 하나를 잃었지만
행복한 삶을 노래하며 인생의 맛을 즐겼다
세상의 모든 맛은 중독성 강한 사랑이다
맛에 취하여 살다가
맛을 안고 가신
내 아버지처럼 그렇게 살다가는
쓸쓸한 인생이다

가을 열차 안에서

대구에서 서울
서울서 대구로 오가는
창밖 풍경은 온통 유혹의 물결이다
묵직하게 침묵하던 산마저도
멋진 옷으로 갈아입고 손짓한다

어디쯤에서 살며시 내리고 싶다
깊어 가는 가을 속으로 성큼 걸어가
하룻밤 더 머물고 싶다
동대구, 동대구 안내 방송
계단을 오르는 발걸음 무겁다
내 마음이 지쳐있다

사랑하는 내 딸아

어여쁘고 어여쁜 내 딸아
너의 기쁨이 내게로 전해지지만
내 마음속엔 허전한 공간이 생겼구나

예감했었지
언젠가 이런 날이 올 것을
실제로 다가오니 내 얼굴에서
열감이 사라졌다, 생겼다
반복하는구나

그래 행복하게 살아라
예쁜 인생 노래하며
사랑하는 남편 손잡고
행복 숲으로 걸어가거라

엄마보다
천 배,
만 배,
행복하게 살아라

먼 훗날
예쁜 딸 낳아서 출가시켜보면
이별시 쓰는 엄마의 심정을
이해하게 될 것이다

사랑하는 내 딸아
부탁하나 하마
오가는 길,
친정집 한 번씩 들리려무나
무시로 두 팔 벌려 기다리고 있을 테니 …

사랑하는 사위에게

성철스님께선
"산은 산, 물은 물"이라고 하셨네

서로 개성을 존중하여 살라는 말씀이겠지
산은 산, 물은 물
억지로 변경시키지 않는 것이
사랑의 기술임을 명심하게

그리고 사위는 백년손님
장인, 장모 찾아 편하게 들르시게나
손바닥엔 아무것도 안 들고 와도 되네
자네 얼굴 대면하는 것이 가장 큰 선물일 테니

사랑하는 내 딸
잘 부탁하네, 김서방

해설

여성의식이 표출된 시로 쓴 자화상

―손희락 (시인·문학평론가)

해설

여성의식이 표출된 시로 쓴 자화상

―손희락(시인·문학평론가)

1. 들어가며 — 표제시 탐색

  시인 김영화는 2002년 《문학공간》으로 데뷔했다. 시력(詩歷) 20년을 넘긴 중견문인이다. 세 번째 시집의 표제는 『인연의 강』으로 붙인다. 표제의 의미는 "시인의 말"에 진술되었다. "2025년 10월 사랑하는 딸을 시집보낸다"고 공개한다. 개인과 개인, 가문과 가문이 결합되는 인연의 의미를 깊이 생각하며 시를 쓴 것 같다. 시집 원고를 통독하다 보니 남녀동등권주의 페미니즘(feminism)도 포착된다. 탐색은 되지만, 실행에 옮기지 못한 구시대적 사고의 여성이다. 신세대처럼 양성평등을 주장하다가 갈등이 유발되는 시편들은 거의 없다. 시의 이미지에서는 자신의 삶과 내면을 노출시킨다. 진솔한 이미지로 독자에게 다가서며 말을 건다.

  내 고향 봉화

분천역과 풍애1교를 건너는
평지 길 사이로
수천 년 이어온 강물이 흐르네

적광사, 들꽃과 대화하던
어린 소녀
강물 따라 흐르더니
한 남자의 아내가 되었지

도호마을, 물길이 이어준 인연일까
기암절벽, 바람이 짝지어준 운명적 인연인가
사랑의 결실로 아리따운 딸아이 키웠었네

이제 어미가 건너던 강
딸아이가 건너려 하고 있네
수천 년 이어온 고향 땅
강물의 인연
한 가문 속을 적시려고 새 물길 터 주었네

굽이굽이 흐르는 인연의 강이여
사랑의 원천이 그곳임을 알겠네
한 남자의 아내가 될
딸의 눈빛 속에서
고요히 흐르는 그 강물을 보았네

인연의 강,
대를 이어 흐르는 생명의 강물이네

―「인연의 강」 전문

　6연 23행으로 짜인 표제시다. 첫 연은 고향 〈봉화〉의 풍경이다. 산골짜기에서 벗어나면 강이 흐르는 곳에서 성장했다. 둘째 연의 시적 진술은 흥미롭다. "어린 소녀 / 강물 따라 흐르더니 / 한 남자의 아내가 되었다"는 것이다. 유년기 체험 속, 강물은 실제로 존재하는 강이다. 이 시에서는 특별한 의미로 재현된다. 출생이 후, 유년시절은 함축되었지만 성장하여 한 남자의 아내가 되었다. 넷째 연에서 "이제 어미가 건너던 강 / 딸아이가 건너려 하고 있네"라고 표현한다. 엄마의 강과 딸의 강이 동일하다는 목소리에서 혈통적 동질성을 사유하게 한다. 이 지점에서 고향의 강은 인연의 강으로 변환된다. 화자와 그의 딸은 수천 년 이어온 강물의 인연을 따라서 가정을 이루게 되었다는 의미이다. 김영화의 사유의 폭이 강물보다 깊고 넓을 수도 있다. 그렇게 해석되는 이유는 "강물의 인연 / 한 가문 속을 적시려고 인연의 새 물길을 터주었다"는 직관 때문이다. "새 물길"은 딸이 건너려는 강이다. 딸이 출가하는 가문을 향해 흐르는 생명의 물길을 의미한다. 수십 년 전 자신이 고향을 떠나서 가정을 이루듯, 딸의 인연도 "고향봉화"에서 시작된다고 의식한다. 다섯째 연에서 "굽이굽이 흐르는 인연의 강이여 / 사랑의 원천이 그곳임을 알겠네" 노래한다. 자기 생명의 원천은 부모님이지만, 자신이 태어난 고향의 강물도 동일하게 인식한다. 이 시에서 사랑과 가문을 중시하는 여성의식이 포착된다. 전통적인 여성의식은 숙명적 함수관계를 설정한다. 자신이 출가하여 한 가문을 받들고 번성케 한 것처럼 사랑하는 딸아이를 향한 동일한 염원을 품고 있다. 여자의 생에서 "강을 건너다"는 의미는 운명적 행위이다. 새로운 가문으로 이동, 곧 결혼을 뜻한다. 때가 되면 강을 건너야 하는 여성의 운명은 슬픈 듯해도 참 아름답다.

고장 한 번 없었기에
35년 긴 세월 정들었었네

○○전자렌지
친구 왈
회사 망한다 퍼뜩 바꿔라
닦달했지만
생사고락 함께했기에
포기할 수는 없었지

재활용 수거장 내다 놓고서
뒤돌아보며
되돌아보며

아쉬워했었지

오랜 물건,
정든 인연,
모두 소중한 것임을
너를 통해 배웠었지

―「오랜 물건」 전문

    위의 시는 근검절약이 생활화된 결혼생활의 단면이다. "○○전자렌지"를 35년 동안 사용했다는 고백은 놀랍다. 친구는 "회사 망한다 퍼뜩 바꿔라"고 조크(joke)를 준다. 전자렌지는 다른 가전에 비해서 가격이 저렴하다. 35년을 사용했다는 것은 경제적 이유 때문은 아닌 것 같다. "고장 한 번 없었기에 정들었다"고 진술한다. 시인은 자신과 연관된 인연을 중시하는 성격의 소유자다. 사람이든 가전제품이든, 애착을 갖는 특성이 포착된다. 셋째 연에서는 재활용장에서 이별장면이 묘사되었다. "뒤돌아보며 되돌아보는" 정황은 연인의 이별 같다. 폐기를 중단하고 원위치시킬 것 같다. 이 시는 여성 독자의 의식에 영향을 줄 것 같다. 21세기는 과소비로 피멍 드는 시대이다. 값비싼 전자제품도 디자인 때문에 버려지기도 한다. "오랜 물건 / 정든 인연"은 소중하다는 김영화의 목소리에서 어떤 감정을 느끼게 될까. 자못 궁금하다. 35년 전자렌지에 내포

된 메시지의 파장은 클 것 같다.

2. 어미를 닮은 딸, 그 딸을 아내로 맞는 사위, 그리고 새 가정

이번 시집은 딸에게 주는 혼수품의 성격이 짙다. 어머니에게서 한 권의 시집을 선물 받는 딸들이 이 세상에 몇이나 존재할까? 큰 축복이 아닐 수 없다. 시의 독자는 딸의 특별혼수에서 기쁨과 즐거움을 공유하며 시인과 소통한다. 전국 각지에서 심적 축하의 인사를 보내야 할 것 같다.

어여쁘고 어여쁜 내 딸아
너의 기쁨이 내게로 전해지지만
내 마음속엔 허전한 공간이 생겼구나

예감했었지
언젠가 이런 날이 올 것을
실제로 다가오니 내 얼굴에서
열감이 사라졌다. 생겼다
반복하는구나

그래 행복하게 살아라

예쁜 인생 노래하며
사랑하는 남편 손잡고
행복 숲으로 걸어가거라

엄마보다
천 배,
만 배,
행복하게 살아라

먼 훗날
예쁜 딸 낳아서 출가시켜보면
이별시 쓰는 엄마의 심정을
이해하게 될 것이다

사랑하는 내 딸아
부탁하나 하마
오가는 길,
친정집 한 번씩 들리려무나
무시로 두 팔 벌려 기다리고 있을 테니…

―「사랑하는 내 딸아」 전문

　위의 시는 결혼을 앞둔 딸에게 전하는 엄마의 시적 감정이다. 시인의 가슴을 관통하면서 승화된 표현이다. 셋째 연에서 "엄마보다 / 천 배, / 만 배, / 행복하게 살아라" 기원한다. 여성 시인의 텍스트를 해독할 때는 표면적 진술에 내재하는 메시지의 이면을 추적해야 한다. "엄마보다 행복하게 살아라"는 기원은 딸을 둔 여성의 공통된 심정이다. 평자는 넷째 연을 주목하게 된다. "먼 훗날 / 이별시 쓰는 엄마의 심정을 / 이해하게 될 것이다"라는 전언이다. 이 지점에서 김영화는 '세상 떠난 어머니'를 소환한다. 자신이 출가할 때의 어머니의 심정을 느낀다. 고로 너도 "예쁜 딸 낳아서 출가 시켜보면 안다"고 전한다. 이 말은 과거 어머니의 심정을 체감하지 못했다는 독백이다. 어머니와 자신 그리고 딸까지 삼대에 걸친 여인들이 얼비치며, 여자의 생, 그 의미를 통괄한다. "어머니를 보면 딸을 안다"는 말이 있다. 시인 김영화의 딸, 그의 자의식은 어미와 유사할 것이다. 10월의 신부가 될 인생길에 축복을 보낸다.

성철 스님께선
"산은 산, 물은 물이라고 했네."

서로 개성을 존중하여 살라는 말씀이겠지
산은 산, 물은 물
억지로 변경시키지 않는 것이
사랑의 기술임을 명심하게

그리고 사위는 백년손님
장인, 장모 찾아 편하게 들리시게나
손바닥엔 아무것도 안 들고 와도 되네
자네 얼굴 대면하는 것이 가장 큰 선물일 테니

소중한 내 딸
잘 부탁하네, 김서방

―「사랑하는 사위에게」 전문

이 시는 흔히 '딸 도둑'으로 인식되는 사위에게 전한다. 성철 스님의 법문을 인용한 것은 놀랍다. "산은 산 / 물은 물"이라는 법문의 해독은 인간은 수행을 해도 본성 바꾸기가 결코 쉽지 않다는 의미이다. 모든 인간은 개성체다. 산의 성격을 가졌든, 물의 성격을 가졌든, 서로 존중하고 배려해야 불변의 사랑이 지속된다는 판단이다. 억지로 변형시키지 않고, 개성을 존중하는 것이 사랑의 기술이라 확신한다. 수십 년 가정을 지켜온 비결을 '사위, 김 서방'에게 전수하는 작품이다. 김영화의 시적 특징은 상상력과 언어를 구사하는 기교적 노련미에 있다. 무엇이든 해야 할 말은 정확하게 표현한다. 하지 말아야 할 말은 이미지 안에 은둔시킨다. 탁월한 시적 기교이다. 셋째 연의 진술은 유머스럽지만 의미가 깊다. 빈손으로 와도 된다는 표현과 얼굴 대면하는 것이 최고의 선물이라는 메시지는 경

이롭다. 사위 김서방은 좋은 가문에 장가를 간다. 법문으로 사랑법을 전수하는 시인의 딸을 아내로 품는다.

　엄마는 신신당부하셨지
　여자가 출가하면
　그 집안 귀신이 되어야 한다고
　그래서 내 청춘 날개는
　푸른 하늘 속에서도 펼친 적이 없어
　기능이 상실된 것 같다

　날개를 가졌지만
　날지 못하는 여자의 삶
　마지막으로 한번 멋있게
　날고 싶네
　퇴화된 기능이지만
　여기저기 돌아다니고 싶네

　여보, 밥 줘
　써늘한 한마디에
　오늘도 날개를 접네
　나는 운명에 묶인 바보 같은
　여자이네

　―「날개」 전문

이 시는 출가 당시 훈계가 진술된다. 결혼 몇 주년에 이르렀는지는 알 수 없지만, 시인은 어머니의 목소리를 기억하며 남편 내조를 한 것 같다. "그 집안 귀신이 되어야 한다"는 모친의 당부는 21세기에선 그 효력을 상실하는 중이다. 둘째 연에서 시인은 말한다. 나는 "날개를 가졌지만 / 날지 못하는 여자의 삶"을 살았다는 독백이다. 시에서 나타나는 페미니즘은 강하지만. 마음속에서 통제된다. "퇴화되기 전 / 날개를 펼쳐 여기저기 마음껏 돌아다니고 싶다"는 갈망은 문학예술의 욕구와 연결된다. 시인은 사건, 사물 속에서 시적 질료를 획득하기 때문이다. "여보, 밥 줘 / 한마디에 날개를 접는다"라는 표현은 감칠맛이 있다. "나는 운명에 묶인 바보 같은 / 여자"라는 독백 흥미롭다. 이 시를 읽을 독자의 정서가 어떻게 반응할지 궁금하다. 가문과 현실에 순응하는 바보 같은 여자 혹은 구시대적 희귀한 존재로 각인될지 모른다. "퇴화된 기능의 날개"를 가지고서도 이만큼 시를 쓸 수 있다는 것은 시적 재능을 확인시켜 준다. 김영화의 시적 스토리가 고향, 가정, 가족 중심으로 전개되는 이유가 여기에 있다. 스스로 시야를 좁힌 '날개 고장'이 원인이다.

3. 사랑의 주체와 독자에게 전하는 아름다운 메시지

결혼생활 좌우명은 "그 집안 귀신이 되라"는 어머니의 당부이다. 권면은 부드럽게 하셨겠지만, 딸의 마음속 깊이 박혀서 자의식과 행동을 통제한다. 어쩌면 10월, 시집가는 딸에게도 이 교훈적, 권면은 대를 이을지도 모른다는 생각이 든다.

내 인생길에 시가 없었더라면
짜릿한 행복 느낄 순 없었겠지요

내 인생에 그대가 없었더라면
사랑과 그리움이 하나인 건
전혀 느낄 수 없었겠지요

—「행복한 삶」 전문

인생길은 여러 갈래지만
여자의 가슴길은
오직 외길
그대만을 향하여
등불 밝히고 있습니다

―「가슴길」 전문

　위의 시 두 편은 '길'에 대한 사유이다. 첫 번째 인용시가 '시의 길'을 언급한다. 두 번째 시는 한 남자를 위한 "가슴 길"에 대한 고백이다. 시도 가슴으로 쓰고, 사랑도 가슴으로 한다는 의미에서 두 작품은 일맥상통한다. 부부간 의식의 갈등, 가정생활의 스트레스를 시 짓기로 해소한 것이 김영화의 삶이다. 그의 사랑 고백은 고차원적이다. "인생길은 여러 갈래지만 / 나의 가슴 길은 당신입니다. 라는 표현에서 시의 독자는 행복에 젖는다. 쉽게 만나 이별하는 세상에서 오직 한 사람 사랑에 집중하는 여성이 얼마나 있을까? "그대만을 향해서 / 등불 밝힌다"는 표현은 한 남자의 인생과 가문을 책임진다는 소명의식이 부각된다. 김영화의 내조는 그물처럼 촘촘함을 확인하게 된다.

그대여
사랑의 원천은 짝사랑이 아닐까요
불변의 사랑으로 이어지는
징검다리니까요

한 사람
사랑받는 것도

큰 기쁨이겠지만
그대 위해
기도하는 것도 행복이랍니다

결혼 이후
내 가슴에서 가꾸는 예쁜 사랑의 정원
누가 더, 무게를 측량하지 않는
무조건적인 사랑입니다

―「짝사랑」 전문

　이 시에서 사랑유지의 비결을 독자에게 전한다. 그의 사랑의식은 단순하지만, 실천은 어렵다. 나는 "짝사랑"을 한다는 독백이다. 그는 왜 독자에게 짝사랑을 한다고 전할까? 그 말의 의미는 결미에서 찾게 된다. "누가 더, 무게를 측량하지 않는 / 무조건적인 사랑입니다"는 진술이다. 가사 노동에 대한 분업화가 철저한 신세대에 비하면 무조건적인 짝사랑이다. 사랑의 무게는 저울로 측량할 수 없다. 측량할 수 없는 무형의 성질을 눈금 확인하려는 데서 양성 간 갈등은 시작된다. 김영화의 짝사랑 의식은 부모의 사랑법에서 대물림한 것으로 유추된다. "누가 더"라는 무게를 달지 않는다면, 불변의 사랑으로 이어진다는 시적 결론은 진리에 가깝다. 헌신적 사랑에 대한 이론적 공감은 가능하겠지만, 실행 면에서 녹록치 않은 문제이다.

먼 길 떠날 때
조심하여 핸들 돌리라는 잔소리 어김없네
시인의 남편이면서도
아내의 마음을 못 읽는 사람

대중교통 버스에 몸을 싣고
이박삼일, 삼박사일
온 세상, 두루두루 살펴야
향기로운 꽃 시 한 편
겨우 건진다는 걸 모르는 남자
알면서도 모른 척하는 남자

그래도
잠든 모습 사랑스러워
바라보고 또 보는
듬직한 내 남자

―「내 남자」 전문

  자기 남자를 자랑하는 건지, 잔소리 많은 단점을 드러내는 건지, 시적 진술이 혼선을 준다. 이미지에 회전하는 감동은 확장되면서 여성 독자들이 공감할 것 같다. 첫 연에서 "아내의 마음을 못 읽는다"는 관점에서 이 세상 남자들은 다 공범이다. 둘째 연에서는 "이박삼일 / 삼박사일" 두루 다녀야 시 한 편 건지는 걸 알면서도 모른 척하는 얄미운 남자로 표현되었다. 이런 의식은 페미니즘이다. 자의식 속에선 페미니즘을 부르짖으면서도 그는 가정과 남편에게 순종한다. 결미의 내용은 전반부의 진술과 대조된다. "잠든 모습 사랑스러운 듬직한 내 남자"이다. 마무리한다. 시인 김영화가 순하고 착한 것일까? 아니면 그 남편이 멋진 매력남일까? 확인할 순 없지만, 사랑의 열기가 지속되는 행복한 가정이다. 잔소리 심한 남자는 결국 듬직한 남자로 전환되는 작품이다.

봉화땅 울창한 숲속도
두려움 없이 맨발로 뛰었었는데
세밀하게 챙겨준
결혼생활 몇십 년
이젠 하룻밤 여행길도
두려워하는 나약한 모습으로 변했으니
어쩌면 좋을까요

일평생 과보호한 당신
책임지세요

—「책임지세요」 전문

남편의 과보호 원인은 연약한 척 기댄 자기 과오에 있는지도 모른다. 21세기는 대화 단절. 관심 단절로 가정이 해체되는 세상이다. 독신가정이 30프로에 이른다는 미디어 뉴스는 심각한 문제가 아닐 수 없다. 시인은 '행복한 불평'을 하고 있다. 그 불평 속엔 과보호를 벗어나고 싶다는 욕구도 분출된다. "봉화땅 울창한 숲속" 맨발로 뛰던 시절은 되돌아오지 않겠지만, 시의 숲을 마음껏 달리고 싶은 욕망은 타협의 가능성도 있어 보인다. 시적 발상은 책상 앞에서 포착되지 않는다. 시적 상상력의 확장도 골방에 갇혀서는 한계가 있다. 대부분의 서정시는 "본다"라는 직관에서 출발한다. 시인이 본 것을 독자가 본 것처럼 느끼게 하는 고뇌의 작업이다. 과보호로 통제하는 간 큰 남자의 책임을 묻는 목소리에 시의 독자는 야릇한 미소로 화답할 것이다. 그 이유는 "책임지세요" 추궁의 목소리가 너무 부드러운 저음이기 때문이다.

야구광인 남자는 연신
시원한 맥주 들이켜며
중계 속으로 빠져든다
홈런! 벌떡 일어나 열광할 땐
영락없는 어린아이다
치, 알기는 하는 걸까
착하고 알뜰한 각시 만나서
인생 홈런 친 주인공인 것을

―「홈런」 전문

　시는 상상의 언어이다. 시적 상상력도 질서가 있다. 이 시는 야구장 홈런상황과 아내를 잘 만나서 인생 홈런 친 상황을 하나로 묶었다. 야구 중계에 몰입한 정황을 주시하여 이런 시를 재치 있게 쓴다는 것은 쉽지 않다. "치, 알기는 하는 걸까" 언어를 이끌어가는 노련미가 농익었다. 인생홈런의 유무, 그 판단은 독자의 몫이겠지만, 홈런 치고도 모른 척 하는 캐릭터의 실제 주인공도 이번엔 심적 공감을 표할 것 같다.

　4. 인연의 뿌리와 생명의 원천

　김영화의 제3시집 『인연의 강』은 시로 쓴 자화상이다. 인생길 체험은 시적 이미지로 변용되어 독자에게 전이된다. 시에서 다루는 내용들은 자신의 사랑과 가정, 그리고 죽음의 문제이다. 모든 인연의 끝은 존재론적 허무에 도달한다. 운명적 죽음이다. 화자의 생명 그 원천은 부모님이다. 부모는 원초적 고향인 동시에 생명의 뿌리이다. 어느 지역에 머물든지 고향을 못 잊는 것도 터전이었기 때문이다. 부모님의 시간은 죽음 쪽으로 기울어서 세상을 떠나셨다. 가슴 아픈 애가(哀歌)가 시에서 울려 퍼진다.

왠지 이별의 시간이 다가온 것 같아서
깊숙이 손을 넣어보았지
길쭉한 손가락으로
더듬어 가며 한참을 머물렀었지

이대로 곁에 있으면
참 좋겠다는 생각이 들었었지
마르고 여윈 가슴골엔
인생 눈보라가 수없이 스치며
쌓이고 녹기를 반복한 것 같았지

한 남자를 향한 사랑 멍울이
예쁘게 만져지고, 쌓이고 녹기를
수없이 반복한 것 같았네
7남매 풀 뜯었던 초원의 흔적
애처롭게 남아 있네

지금도 느껴지는 체온
아, 허무하다 못해 따뜻하네
그 온기, 내 손끝 빙빙 돌며
회전하네

―「엄마의 가슴」 전문

"그 집안 귀신이 되라"고 권면하던 어머니와 이별장면이다. 시인은 어머니의 가슴 속에 손을 넣는다. 인연의 뿌리가 그곳에 은둔한 때문이다. "한 남자를 향한 사랑멍울이 예쁘게 만져졌다"는 시적 표현은 빼어나다. 고향의 눈이 쌓이고 녹기를 반복했다는 진술도 독특하다. 생명의 원천인 어머니는 7남매를 순산하여 젖을 물리셨다. 시인은 7남매가 그 품안에서 "풀을 뜯었다" 시적으로 표현한다. 대단한 언어운용이다. 젖을 물지 않고, 풀을 뜯었다는 의미는 새 풀이 돋듯, 가문의 계대가 소멸되지 않는다는 자의식이 깔려 있다. 시의 독자가 눈물로 공감할 것 같다. 생명의 뿌리는 소멸과 생성을 반복한다. 한 세대가 사라져 가면, 다음 세대가 계승한다. 화장터의 불꽃으로도 태울 수 없는 가문의 뿌리, 영원한 소멸은 존재하지 않는다.

아버지가 그리울 때 시를 쓰네
어머니가 보고플 때 시를 쓰네
언어로 토해낸 인연의 의미와 혈통적 운명,
시 속에서 얼비치는 부모님의 생전 모습들

시는 산 자와 죽은 자가 대면하는 공간이네
눈물과 웃음이 교차하는 화해의 공간이네
가슴 따뜻하거나 눈물 많은 이들은
시를 사랑하네

시처럼 사랑하다가 시처럼 살다 가려고
몸부림치네

오늘 밤, 부모님을 언어로 부활시키고 싶네

―「부활」 전문

아버지도 그의 곁을 떠나셨다. 시인은 시 공간에서 부모님을 만나 영적 교감을 즐긴다. 언어적 예술혼을 불태우는 신비로운 영역이다. 둘째 연에서 시인의 의식은 생과 사를 초월한다. "시는 산 자와 죽은 자가 대면한다"는 인식은 아이러니컬하다. "눈물과 웃음도 교차한다"고 독백한다. 김영화는 능력자다. 어미의 생전 모습, 아비의 인생 등 모든 추억을 시의 언어로 재생시킨다. 그리고 슬픔과 행복을 공유하며 독자에게 다가선다. 시의 언어는 구원의 언어이다. 고로 김영화 인생에서 전부가 될 수밖에 없다. 시인이 아닌 자는 예측 불가한 영역이다.

고맙습니더
올케언니!

길고 긴 세월 흘러
대구 아지매 되었으나

아가씨, 아가씨라 불러주니
그때마다 참 행복하네요

흰 새치, 잔주름
늘어가지만
올케의 가슴속엔
영원한 아가씨

하늘이 맺어준 귀한 인연
사랑합니더
고맙습니다

―「올케언니」 전문

 보편적으로 시누이와 올케는 친근하지 않다. 올케를 향한 감사의 이유가 "아가씨라고 불러줘서 고맙다" 말하지만, 그 호칭은 흔한 용어다. 시인은 결미에서 하늘이 맺어준 귀한 인연이기에 올케를 사랑한다고 표현한다. 개인과 개인, 가문과 가문의 숙명적 결합, 인연의 의미를 환기시킨다. 여자의 사랑은 한 남자에게 연결된다. 시댁 가문 족보에 이름을 올리며 묶어진다. 거대한 가문, 시누이와 올케로 묶였다는 점에서 존재의 가치와 행복의 감정은 극대화된다. 시인 김영화는 예리한 눈빛의 소유자다. 섬세한 감성은 시인의 자질 중에 으뜸이다.

5. 나가면서 — 돋보이는 정서적 감각

고향 봉화에 가서
가을을 훔쳐 왔다
도망갈까 봐 몰래 싣고
쌩쌩 달려왔다

고향의 가을 냄새가 좋다
몰래 먹는 것이 맛있다
다음엔 친구가 사는
안동의 가을을 훔치러 가야겠다
그다음엔 여동생이 사는 고양시의
가을을 훔치러 가야겠다

난 시인이니깐
아무리 훔쳐도
절도죄 성립은 안 되겠지
이 세상 모든 것이 시인의 글감이니깐

—「가을 훔치다」 전문

위의 시는 언어적 감각이 돋보인다. 고향 봉화에 가서 "가을을 훔쳐 왔다"는 진술은 독자의 입가에 미소를 선물

한다. 언어 표현을 잘한다는 것은 독자와 소통문제를 해결할 능력자라는 의미이다. 시인과 독자의 소통은 유희적 말장난으로는 해결되지 않는다. 장황한 수사적 전략보다 시적 진실이 소통의 통로를 놓아준다. 둘째 연에서 "친구가 사는 안동의 가을", "여동생이 사는 고양시의 가을"을 훔치러 가야겠다고 표현한다. 안동의 가을과 고양시의 가을을 체감하겠다는 의미겠지만 "훔친다"는 활동성, 강제성이 내포되었다. "난 시인이니깐 아무리 훔쳐도 죄가 되지 않는다"는 무죄의식은 흐뭇한 웃음을 안겨준다. 세상 모든 풍경을 탐닉하고 내포된 진리를 추적하는 것은 시인의 특권이다. 감각적 언어표현은 시의 맛을 배가시킨다. 자아생의 모든 체험은 시 짓는 글감이라는 인식은 정확하다.

산골소녀 영화야
시집살이 힘들었제?
아이들 낳아 기르느라 고생했제
시인이 되어
시 쓰는 건 더 힘들었제
그래도 자기 이름으로 된
시집 몇 권 얻었으니
매우 행복하제

잘했다

수고했다

―「내가 나에게」 전문

"시 쓰는 건 더 힘들었제" 자문자답 형식의 시다. 자문자답을 하면서 여자의 인생길이 평탄, 행복했음을 표출한다. 김영화의 시적발상, 언어구사, 창작기교는 일정 수준에 올라 있다. 이 시에서도 "잘했다 / 수고했다" 자신을 매끄럽게 칭찬한다. 중년의 가정주부로서, 한국문단에 우뚝 선 시인으로서 성공단계에 진입한 것이다. 글을 마치면서 개별 시를 추천하지는 않는다. 그 이유는 각 작품들이 일정한 수준을 유지한 때문이다. 그의 시를 음미하면 새로운 맛이 난다. 인연 닿는 독자의 정독을 권한다.